LEYENDAS DE MÉXICO Y LA AMÉRICA CENTRAL

UN CUENTO DE
QUETZALCÓATL
ACERCA DEL JUEGO DE PELOTA

Nuevamente Contado por Marilyn Parke y Sharon Panik
Traducción al Español por Maria Elena Méndez Robbins
Ilustraciones por Lynn Castle

Consultores para esta serie
R. Robert y Maria Elena Robbins

Fearon Teacher Aids
Simon & Schuster Supplementary Education Group

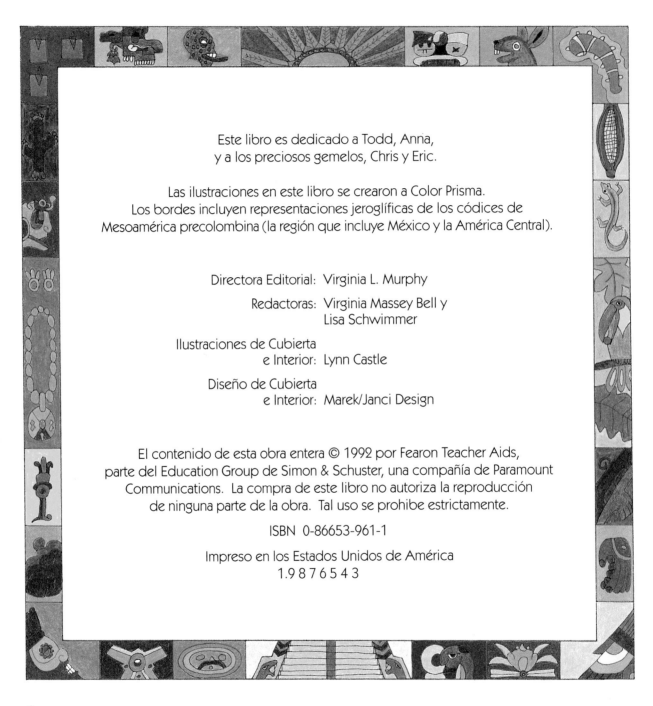

Este libro es dedicado a Todd, Anna,
y a los preciosos gemelos, Chris y Eric.

Las ilustraciones en este libro se crearon a Color Prisma.
Los bordes incluyen representaciones jeroglíficas de los códices de
Mesoamérica precolombina (la región que incluye México y la América Central).

Directora Editorial: Virginia L. Murphy

Redactoras: Virginia Massey Bell y
Lisa Schwimmer

Ilustraciones de Cubierta
e Interior: Lynn Castle

Diseño de Cubierta
e Interior: Marek/Janci Design

ISBN 0-86653-961-1

Impreso en los Estados Unidos de América
1.9 8 7 6 5 4 3

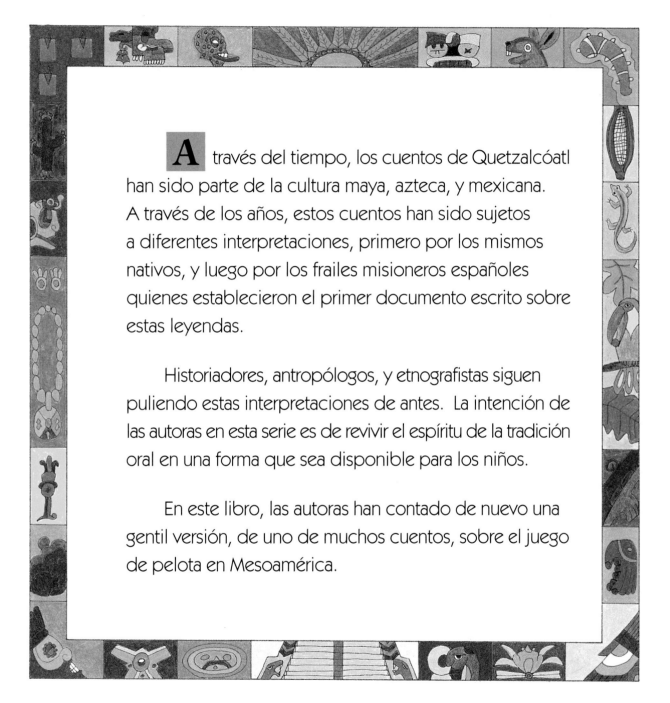

A través del tiempo, los cuentos de Quetzalcóatl han sido parte de la cultura maya, azteca, y mexicana. A través de los años, estos cuentos han sido sujetos a diferentes interpretaciones, primero por los mismos nativos, y luego por los frailes misioneros españoles quienes establecieron el primer documento escrito sobre estas leyendas.

Historiadores, antropólogos, y etnografistas siguen puliendo estas interpretaciones de antes. La intención de las autoras en esta serie es de revivir el espíritu de la tradición oral en una forma que sea disponible para los niños.

En este libro, las autoras han contado de nuevo una gentil versión, de uno de muchos cuentos, sobre el juego de pelota en Mesoamérica.

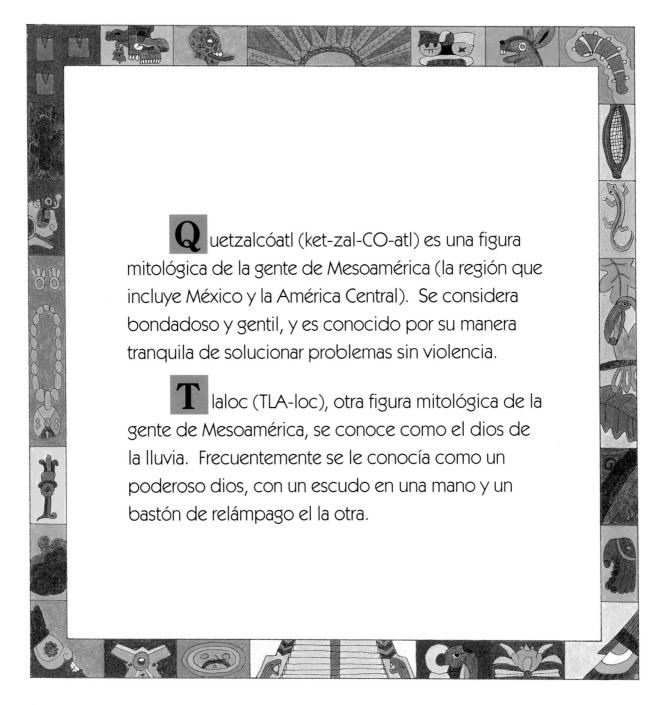

Quetzalcóatl (ket-zal-CO-atl) es una figura mitológica de la gente de Mesoamérica (la región que incluye México y la América Central). Se considera bondadoso y gentil, y es conocido por su manera tranquila de solucionar problemas sin violencia.

Tlaloc (TLA-loc), otra figura mitológica de la gente de Mesoamérica, se conoce como el dios de la lluvia. Frecuentemente se le conocía como un poderoso dios, con un escudo en una mano y un bastón de relámpago el la otra.

El sacerdote, Quetzalcóatl, reunió a los niños alrededor del fuego. Les contó un cuento de aquellos dias viejos de su antepasado, Quetzalcóatl, el dios. Primero les dijo que muchas veces Quezalcóatl tomaba la forma de una serpiente emplumada o un pájaro-serpiente, y que una vez había peleado contra Tlaloc para determinar quién era el más poderoso de todos los dioses. Este es el cuento que él les contó.

5

Dicen que hace mucho tiempo hubo un desacuerdo entre Tlaloc, el dios de la lluvia, y Quetzalcóatl, la serpiente emplumada.

"Yo soy el más fuerte de los dioses," dijo Tlaloc en una voz tronante.

"No," dijo Quetzalcóatl en la manera más razonable, "yo soy el más poderoso de todos."

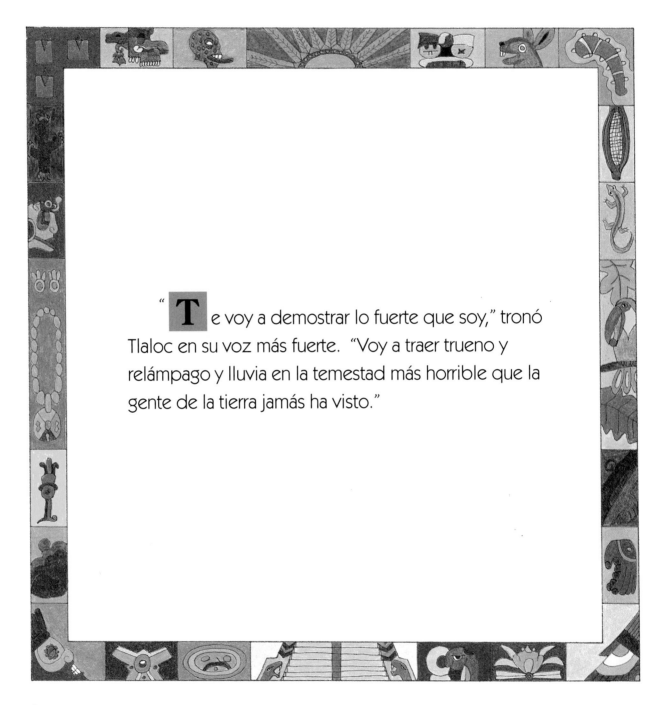

"Te voy a demostrar lo fuerte que soy," tronó Tlaloc en su voz más fuerte. "Voy a traer trueno y relámpago y lluvia en la temestad más horrible que la gente de la tierra jamás ha visto."

"**N**o es bueno hacerle daño a la gente de la tierra," dijo Quetzalcóatl en una voz tranquila. "Seguramente podemos pensar en otro modo de probar quién es el más poderoso."

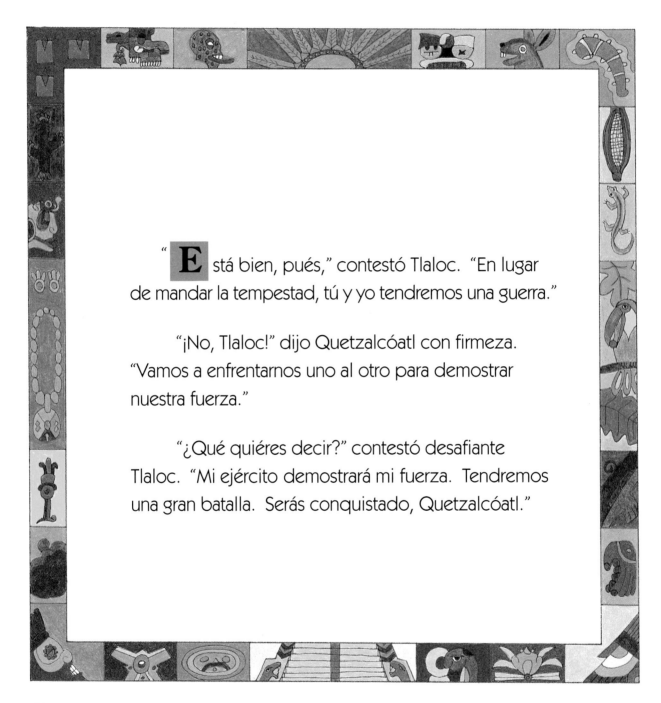

"**E**stá bien, pués," contestó Tlaloc. "En lugar de mandar la tempestad, tú y yo tendremos una guerra."

"¡No, Tlaloc!" dijo Quetzalcóatl con firmeza. "Vamos a enfrentarnos uno al otro para demostrar nuestra fuerza."

"¿Qué quiéres decir?" contestó desafiante Tlaloc. "Mi ejército demostrará mi fuerza. Tendremos una gran batalla. Serás conquistado, Quetzalcóatl."

13

"Podemos arreglar esto sin pelear, Tlaloc," ofreció Quetzalcóatl. "Podemos jugar un juego. Un juego con una pelota de hule."

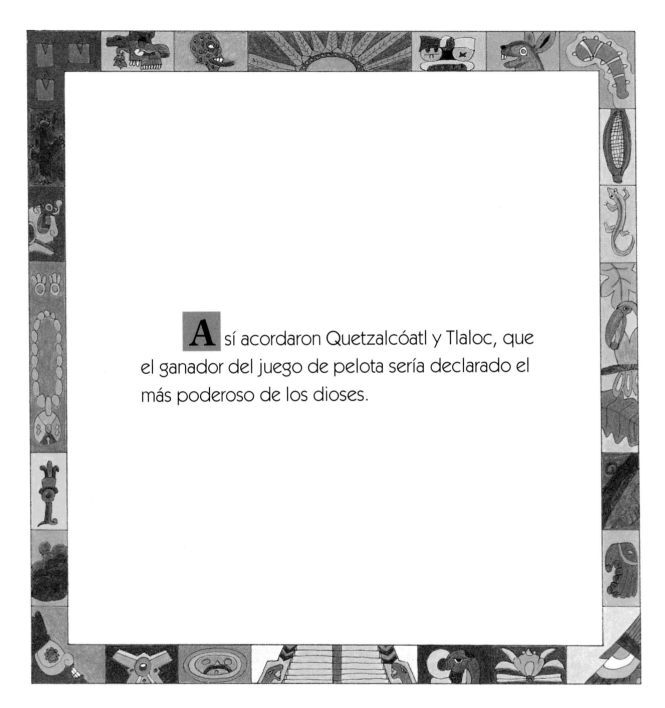

A sí acordaron Quetzalcóatl y Tlaloc, que el ganador del juego de pelota sería declarado el más poderoso de los dioses.

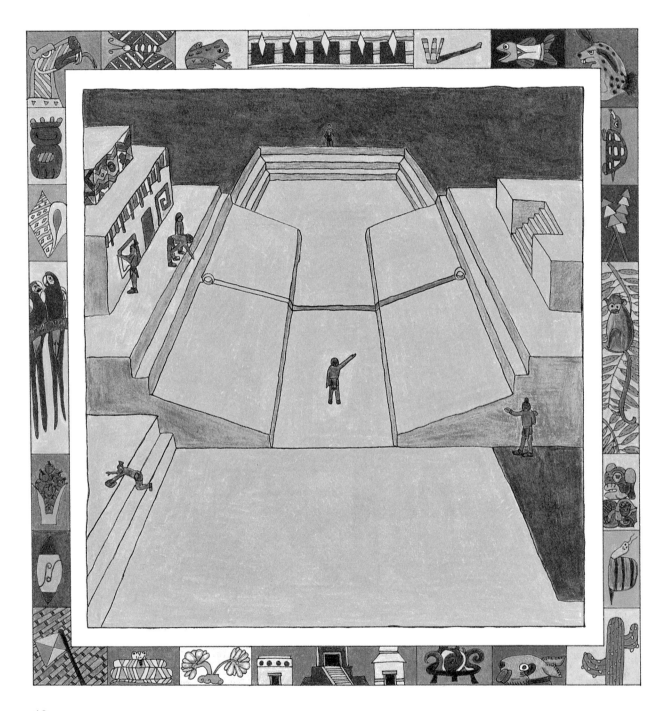

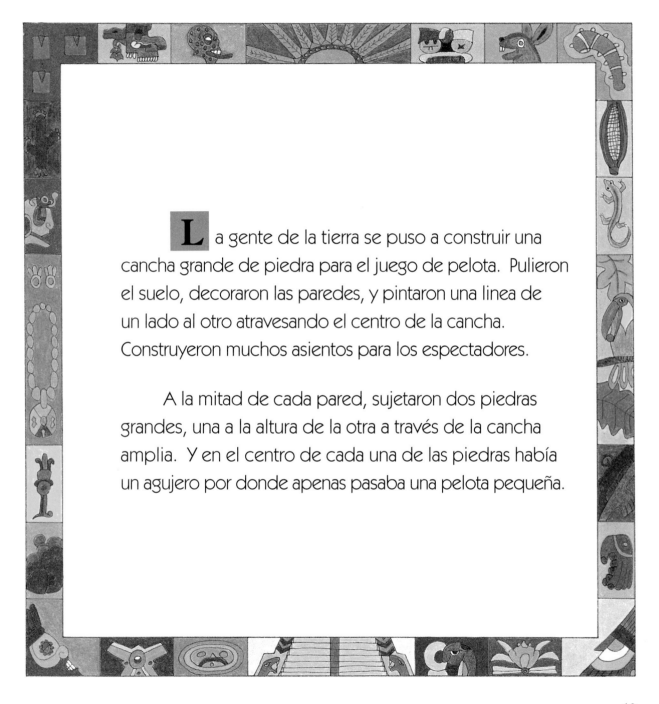

L a gente de la tierra se puso a construir una cancha grande de piedra para el juego de pelota. Pulieron el suelo, decoraron las paredes, y pintaron una linea de un lado al otro atravesando el centro de la cancha. Construyeron muchos asientos para los espectadores.

A la mitad de cada pared, sujetaron dos piedras grandes, una a la altura de la otra a través de la cancha amplia. Y en el centro de cada una de las piedras había un agujero por donde apenas pasaba una pelota pequeña.

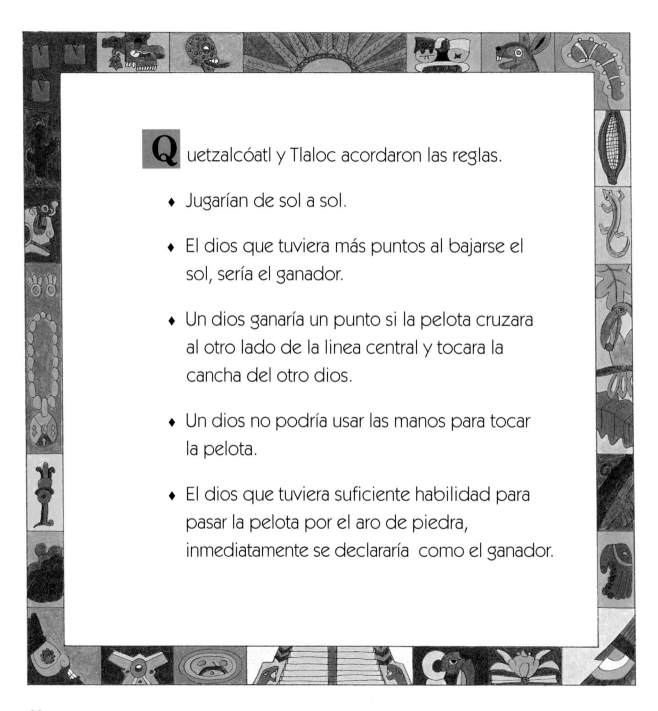

Quetzalcóatl y Tlaloc acordaron las reglas.

- Jugarían de sol a sol.

- El dios que tuviera más puntos al bajarse el sol, sería el ganador.

- Un dios ganaría un punto si la pelota cruzara al otro lado de la linea central y tocara la cancha del otro dios.

- Un dios no podría usar las manos para tocar la pelota.

- El dios que tuviera suficiente habilidad para pasar la pelota por el aro de piedra, inmediatamente se declararía como el ganador.

22

Por fin, se llegó el día del juego. Era temprano por la mañana y ya estaban sentados en las gradas (los escalones) muchos señores y nobles.

Quetzalcóatl y Tlaloc se vistieron, cada uno con su equipo protector para jugar. Se pusieron los cinturones pesados de piel de venado. Llevaban guantes de piel para protegerse las manos y almohadillas de piel para protegerse las rodillas.

Cada dios formó su equipo en los lados opuestos de la cancha para cuidar que la pelota de hule duro no saliera fuera de los límites.

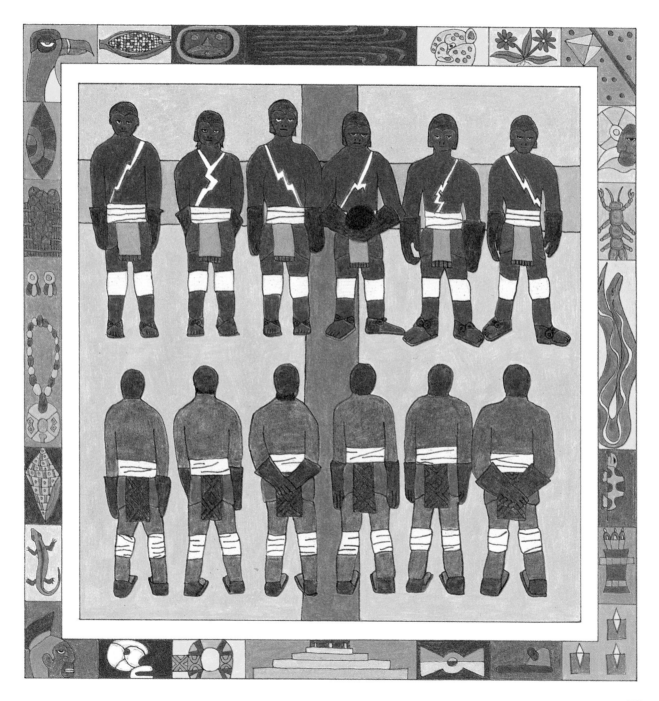

27

28

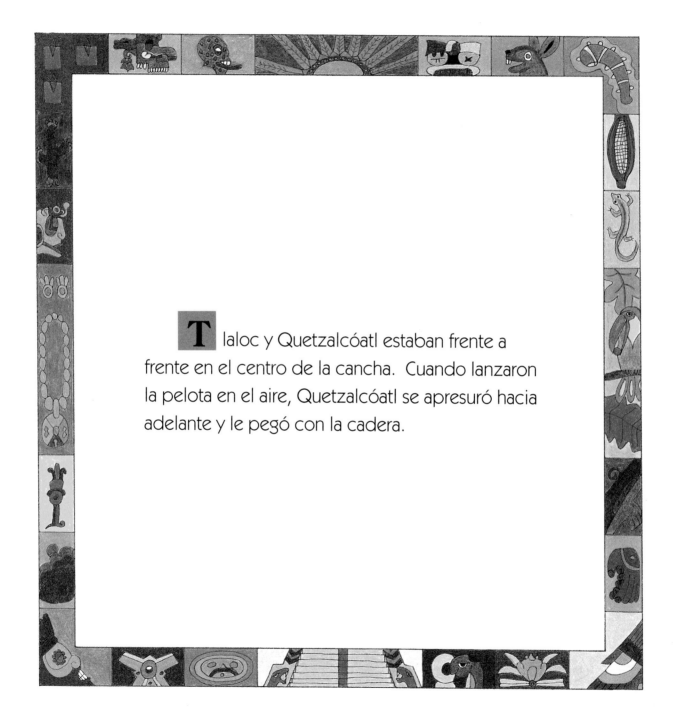

Tlaloc y Quetzalcóatl estaban frente a frente en el centro de la cancha. Cuando lanzaron la pelota en el aire, Quetzalcóatl se apresuró hacia adelante y le pegó con la cadera.

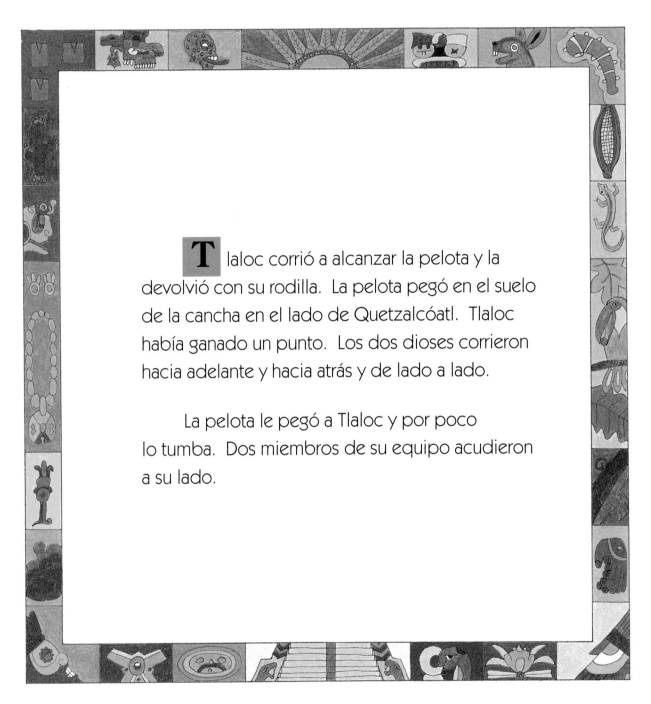

T laloc corrió a alcanzar la pelota y la devolvió con su rodilla. La pelota pegó en el suelo de la cancha en el lado de Quetzalcóatl. Tlaloc había ganado un punto. Los dos dioses corrieron hacia adelante y hacia atrás y de lado a lado.

La pelota le pegó a Tlaloc y por poco lo tumba. Dos miembros de su equipo acudieron a su lado.

31

L a pelota le pegó a Quetzalcóatl y lo tumbó contra la pared.

El juego duró todo el día. La gente se animaba y la gente se quejaba.

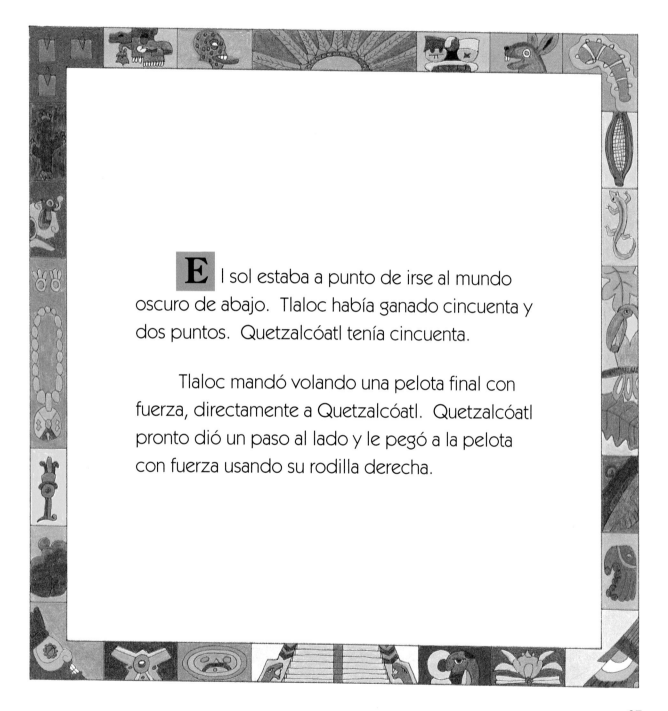

E l sol estaba a punto de irse al mundo oscuro de abajo. Tlaloc había ganado cincuenta y dos puntos. Quetzalcóatl tenía cincuenta.

Tlaloc mandó volando una pelota final con fuerza, directamente a Quetzalcóatl. Quetzalcóatl pronto dió un paso al lado y le pegó a la pelota con fuerza usando su rodilla derecha.

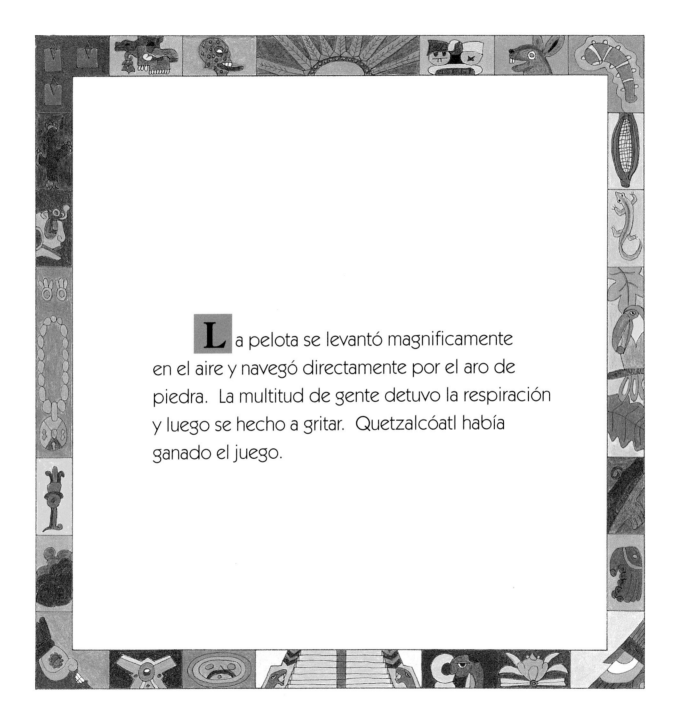

La pelota se levantó magnificamente en el aire y navegó directamente por el aro de piedra. La multitud de gente detuvo la respiración y luego se hecho a gritar. Quetzalcóatl había ganado el juego.

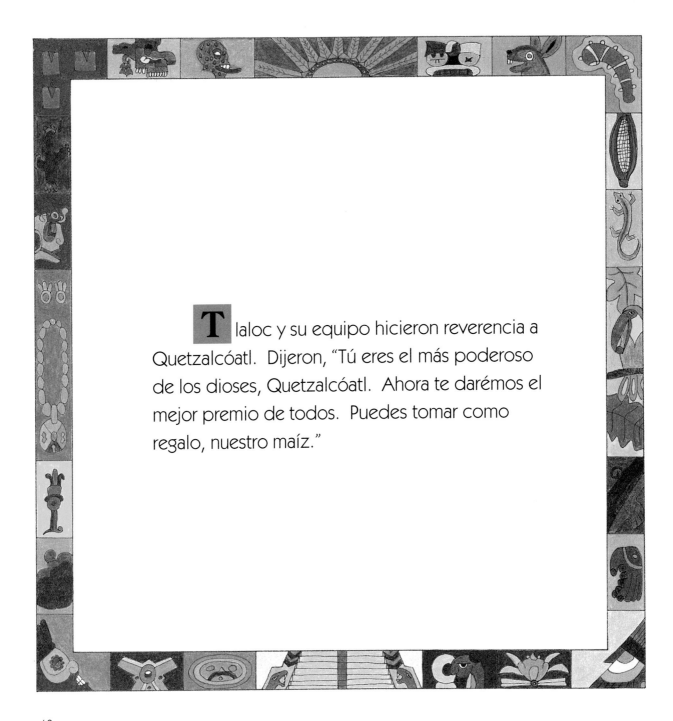

Tlaloc y su equipo hicieron reverencia a Quetzalcóatl. Dijeron, "Tú eres el más poderoso de los dioses, Quetzalcóatl. Ahora te darémos el mejor premio de todos. Puedes tomar como regalo, nuestro maíz."

41

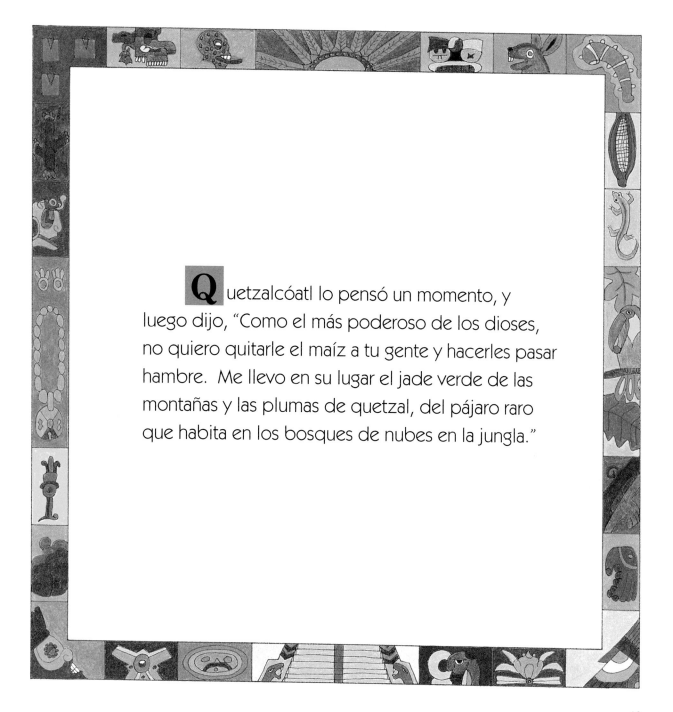

Quetzalcóatl lo pensó un momento, y luego dijo, "Como el más poderoso de los dioses, no quiero quitarle el maíz a tu gente y hacerles pasar hambre. Me llevo en su lugar el jade verde de las montañas y las plumas de quetzal, del pájaro raro que habita en los bosques de nubes en la jungla."

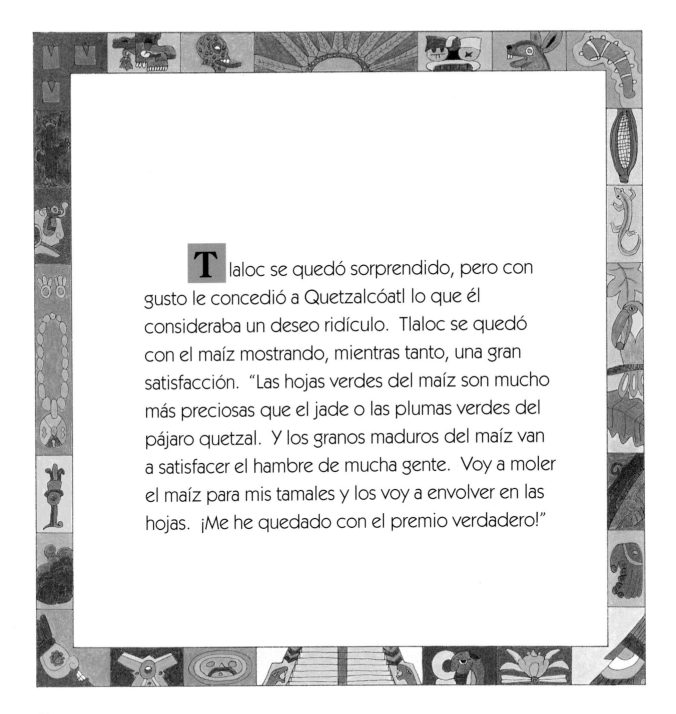

Tlaloc se quedó sorprendido, pero con gusto le concedió a Quetzalcóatl lo que él consideraba un deseo ridículo. Tlaloc se quedó con el maíz mostrando, mientras tanto, una gran satisfacción. "Las hojas verdes del maíz son mucho más preciosas que el jade o las plumas verdes del pájaro quetzal. Y los granos maduros del maíz van a satisfacer el hambre de mucha gente. Voy a moler el maíz para mis tamales y los voy a envolver en las hojas. ¡Me he quedado con el premio verdadero!"

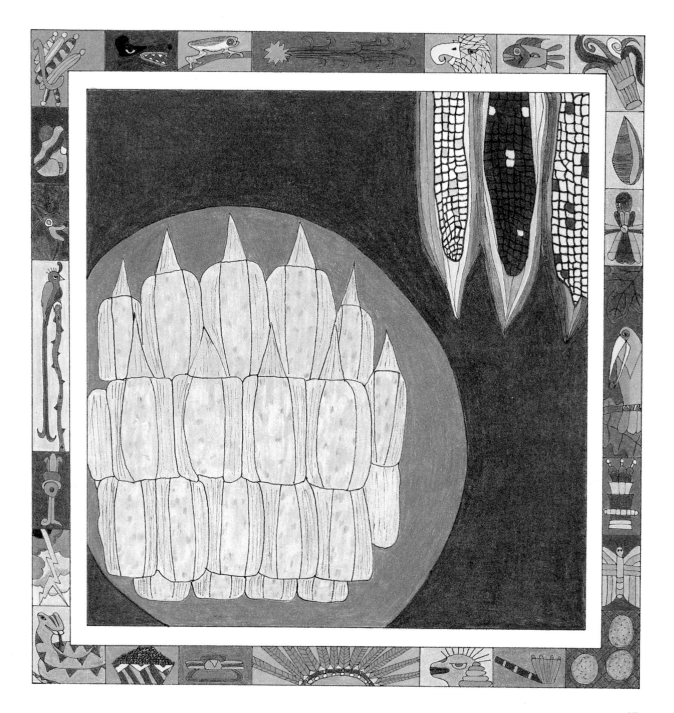

45

46

La gente de la tierra todavía se pregunta quién se ganaría realmente el mejor premio ese día. Si empiezan a discutir, ¿podrán solucionar sus desacuerdos con un juego de pelota?

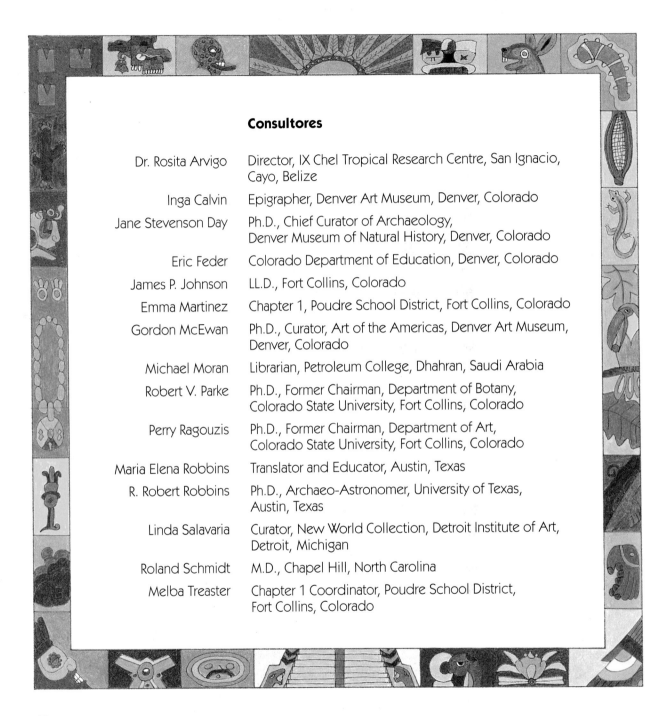

Consultores

Dr. Rosita Arvigo	Director, IX Chel Tropical Research Centre, San Ignacio, Cayo, Belize
Inga Calvin	Epigrapher, Denver Art Museum, Denver, Colorado
Jane Stevenson Day	Ph.D., Chief Curator of Archaeology, Denver Museum of Natural History, Denver, Colorado
Eric Feder	Colorado Department of Education, Denver, Colorado
James P. Johnson	LL.D., Fort Collins, Colorado
Emma Martinez	Chapter 1, Poudre School District, Fort Collins, Colorado
Gordon McEwan	Ph.D., Curator, Art of the Americas, Denver Art Museum, Denver, Colorado
Michael Moran	Librarian, Petroleum College, Dhahran, Saudi Arabia
Robert V. Parke	Ph.D., Former Chairman, Department of Botany, Colorado State University, Fort Collins, Colorado
Perry Ragouzis	Ph.D., Former Chairman, Department of Art, Colorado State University, Fort Collins, Colorado
Maria Elena Robbins	Translator and Educator, Austin, Texas
R. Robert Robbins	Ph.D., Archaeo-Astronomer, University of Texas, Austin, Texas
Linda Salavaria	Curator, New World Collection, Detroit Institute of Art, Detroit, Michigan
Roland Schmidt	M.D., Chapel Hill, North Carolina
Melba Treaster	Chapter 1 Coordinator, Poudre School District, Fort Collins, Colorado